108 citas

de Amma

sobre el Amor

108 citas de Amma sobre el Amor

Publicado por:

Mata Amritanandamayi Center
P.O. Box 613
San Ramon, CA 94583
Estados Unidos

————————— 108 Quotes on Love (Spanish) —————————

En España :

www.amma-spain.org
fundación@amma-spain.org

En la India:

inform@amritapuri.org
www.amritapuri.org

1

El amor es nuestra verdadera esencia. Para el amor no existen barreras de casta, religión, raza o nacionalidad. Todos somos perlas ensartadas en el mismo hilo del amor. Descubrir esta unidad y difundir el amor que constituye nuestra misma naturaleza es el verdadero objetivo de la vida humana.

2

¿Estoy de verdad entregado al amor o, por el contrario, estoy demasiado apegado? Reflexiona sobre este tema lo más profundamente que puedas. La mayoría están anhelando el apego y no el amor verdadero. De alguna manera, nos traicionamos a nosotros mismos. Confundimos el apego con el amor. El amor es el centro y el apego la periferia. Aspira al centro.

3

La belleza reside en el corazón. El amor hacia todo el mundo proporciona la belleza real, y de ese modo enaltece tanto al que da como al que recibe. La belleza de nuestros ojos no está en el lápiz de ojos, sino en una mirada llena de compasión. La sonrisa que ilumina un rostro rebosante de amor es lo más bello del mundo.

4

La mayoría de nosotros estamos siempre pensando en lo que perdemos en la vida. Olvidamos la mayor ganancia que podemos obtener: el amor. Abre la mente de par en par y experimentarás el amor con toda su fragancia y encanto.

5

El amor constituye el fundamento de una vida feliz, pero, de forma consciente o inconsciente, olvidamos esta verdad. Cuando no comunicamos amor de palabra o de obra, ocurre como con la miel encerrada dentro de una roca: que no aprovecha a nadie. Cuando las familias se expresan amor unos a otros, reina el amor y la armonía en los hogares y en la sociedad.

6

Cuando ves a los demás como a ti mismo, no existe la individualidad. La compasión es el idioma que los ciegos ven y los sordos oyen. Alargar la mano para ayudar a un ser abandonado, dar de comer a un hambriento, dirigir una mirada compasiva al triste y marginado: ese es el idioma del amor.

7

Si ponemos todo el corazón y el alma en una actividad, esta se transforma en un manantial tremendo de inspiración. El resultado de una acción realizada con amor viene acompañado de una presencia visible de luz y de vida. Esa realidad del amor dará un inmenso aliciente a la mente de las personas.

8

Detrás de todos los eventos grandes e inolvidables está el corazón. El amor y una actitud desinteresada subyacen en todas las hazañas verdaderamente grandes. Tras toda buena causa hay una persona que ha renunciado a todo y que le ha dedicado su vida.

9

Cuando comprendamos que todo amor —sea de un esposo, una esposa, un hijo, un animal criando a sus crías o una planta— proviene de la única Fuente Divina, nuestro amor comenzará a irradiar una luz y un frescor como los de la luna. El cultivo de esta comprensión proporcionará armonía a nuestra vida.

10

Encuentra tu armonía interior, ese canto hermoso a la vida y el amor. Acércate a los que sufren y sírvelos. Aprende a anteponer los demás a ti mismo. Pero en nombre del servicio a los demás no te enamores de tu propio ego. Mantén el dominio de tu mente y de tu ego. Valora a cada uno, puesto que cada persona es una puerta de entrada a tu propio Ser.

11

El trabajo puede ser agotador hasta acabar con nuestras energías, mientras que el amor nunca será fatigoso ni aburrido. El amor nos llena el corazón de más y más energía. Todo lo vuelve nuevo y fresco. Cuando nuestra existencia está arraigada en el amor puro, ¿cómo podremos sentirnos nunca aburridos? El aburrimiento solo aparece cuando no hay amor. El amor llena continuamente la vida de novedad.

12

Donde hay amor verdadero no hace falta nada más. El amor lleva a la absorción total. A medida que desarrollemos el amor y la determinación de avanzar hacia la meta, automáticamente perdonaremos y olvidaremos; podremos empaparnos de la actitud de sacrificio.

13

Cuanto más te entregues, más abierto estarás. Cuanto más abierto te mantengas, más amor experimentarás. Cuanto más amor des, más gracia recibirás. Es esta gracia la que te llevará a la meta.

14

El amor puro es una constante renuncia, una renuncia a todo lo que te pertenece. Pero, ¿qué es lo que en realidad te pertenece? Solo el ego. El amor consume en sus llamas todas las ideas preconcebidas, prejuicios y juicios críticos. Todo eso proviene del ego.

15

Descubre que la dicha infinita está en el interior de tu Ser. Cuando se manifieste en actividades externas el amor que anida dentro de ti, experimentarás la verdadera felicidad.

16

Cuando eres feliz, tu corazón está abierto y el Amor Divino puede fluir hacia ti. Solo serás feliz cuando atesores el amor en tu interior. Es un ciclo: la felicidad lleva el amor al interior y el amor hace que seas feliz.

17

Si nos sumergimos suficientemente en nuestro interior, descubriremos que el mismo hilo del amor universal enlaza a todos los seres. El amor es lo que lo une todo.

18

A una gota de agua no podemos llamarla un río; un río está formado por muchas gotas que fluyen juntas. Lo que forma la corriente es la conjunción de estas gotas innumerables. Juntos somos una potencia, una potencia invencible. Cuando trabajamos juntos, de la mano, con amor, no solo somos una fuerza vital sino la energía vital colectiva que fluye en armonía, sin impedimentos. Veremos que a partir de esa corriente constante de unidad nacerá la paz.

19

Cada vez que pases por un trance difícil, es bueno recordar: «No espero amor de nadie porque no necesito que nadie me ame; yo soy el propio amor. Soy una fuente inagotable de amor, que siempre dará amor y nada más que amor a todo el que acuda a mí».

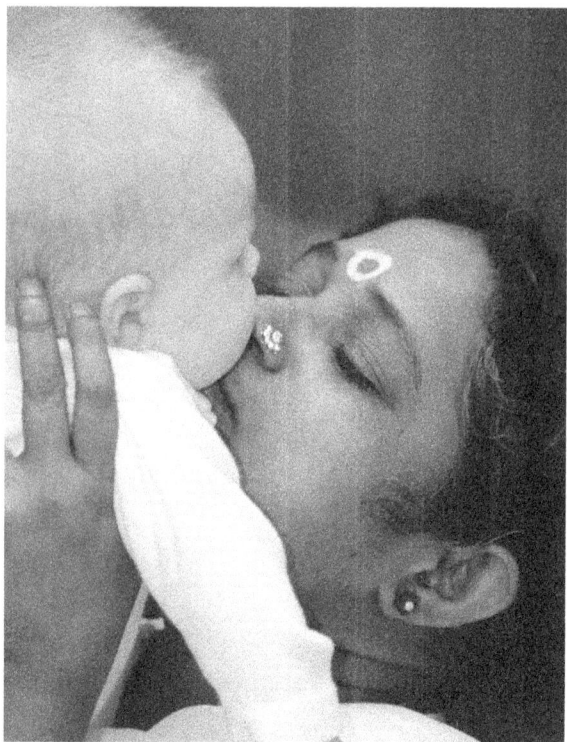

20

No es posible rechazar el amor verdadero. Solo podemos recibirlo con un corazón abierto. Cuando un niño sonríe, sea el hijo de tu amigo o de un enemigo, solo puedes responderle con una sonrisa, porque el amor de un niño es puro e inocente. El amor puro es como una flor preciosa de fragancia irresistible.

21

El poder del amor puro es infinito. En el amor verdadero se va más allá del cuerpo, de la mente y de todos los temores. El amor es el aliento del alma. Es nuestra fuerza vital. El amor puro, inocente, hace que todo sea posible. Cuando tienes el corazón lleno de la energía pura del amor, hasta la tarea más imposible se vuelve tan fácil como cortar una flor.

22

Cuanto más amor das, más divinidad se manifiesta dentro de ti. Igual que el agua de un manantial perenne nunca se agota por mucha que saquemos de él, cuanta más bondad demos más tendremos en nosotros.

23

La vida y el amor no son dos cosas distintas. Son inseparables, igual que una palabra y su significado. Nacemos en el amor, nuestra vida transcurre en el amor y al final nos fundimos en el amor. Lo cierto es que el amor no tiene fin. La vida solo puede brotar y florecer gracias al amor. Como el amor es nuestra naturaleza innata, no puede haber una sola manifestación de ninguna clase que no tenga detrás este poder.

24

El amor puede lograrlo todo. No hay problema que el amor no pueda resolver. Puede curar enfermedades, sanar corazones heridos y transformar mentes. Por medio del amor se pueden superar todos los obstáculos. El amor nos ayuda a renunciar a todas las tensiones físicas, mentales e intelectuales, dándonos de ese modo paz y felicidad. El amor es la ambrosía que proporciona belleza y encanto a la vida.

25

El amor es una religión universal. Es lo que la sociedad realmente necesita. Hay que expresarlo en todas nuestras palabras y acciones. El amor y los valores espirituales recibidos de los padres son los valores más sólidos que necesita un niño para enfrentarse a las distintas pruebas de la edad adulta.

26

En una relación perfecta entre la humanidad y la naturaleza, se crea un campo de energía circular en el que ambas empiezan a entrar la una en la otra. Cuando los seres humanos nos enamoramos de la naturaleza, esta se enamora de nosotros. Deja de ocultarnos cosas. Abre su tesoro infinito y nos permite disfrutar de su riqueza. Como una madre, nos protege, nos sustenta y nos nutre.

27

Cuando nos amamos los unos a los otros sin ninguna expectativa, ya no necesitamos ir a buscar el cielo en ningún otro lugar. El amor es la base de una vida feliz. Así como nuestros cuerpos necesitan alimento adecuado para vivir y crecer, nuestras almas se nutren de amor.

28

Con la ira no podemos cambiar la naturaleza de los demás. Solo el amor los puede cambiar. Comprende esto e intenta tener empatía y amor por todos. Sé compasivo hasta con los que te enojan. Intenta rezar por ellos. Esa actitud te ayudará a mantener la mente calmada y en paz. A medida que se va cambiando a mejor, se aflojan los patrones de acción-reacción y el corazón se abre más a cualidades positivas como el perdón, la tolerancia y la armonía.

29

La flor de la vida adquiere su fragancia y su hermosura compartiendo desinteresadamente. Cuando se abre una flor, su dulce perfume se esparce a su alrededor. Igualmente, cuando se despierta en nosotros el amor desinteresado, fluye hacia el mundo como un río.

30

Dentro de ti hay un manantial de amor. Recurre de una manera adecuada a esa fuente y la Energía Divina del amor llenará tu corazón ampliándolo sin fin. No puedes hacer que eso suceda; solo puedes crear la actitud propicia dentro de ti y entonces ocurrirá naturalmente.

31

El amor verdadero existe en el corazón. Ese amor no se puede explicar ni traducir en palabras. Las palabras pertenecen al intelecto. Ve al corazón, más allá de las palabras y del lenguaje. Cuando se ama de verdad, el intelecto se queda vacío. Se deja de pensar: ni pensamientos, ni mente, nada. Solo permanece el amor.

32

El amor y la belleza están dentro de ti. Procura expresarlos con tus acciones y, sin duda, tocarás la misma fuente de la bienaventuranza.

33

Realiza tu trabajo y cumple tus obligaciones de todo corazón. Procura trabajar desinteresadamente y con amor. Si te entregas en todo lo que haces, sentirás y experimentarás la belleza y el amor en todos tus actos.

34

El objetivo de la espiritualidad es convertir nuestro amor limitado en Amor Divino. Por tanto, centrémonos en qué podemos darles a los demás y no en qué podemos tomar para nosotros mismos. Eso producirá una gran transformación en nuestra vida.

35

Tanto si se trata de amor espiritual como de amor mundano, el amor sigue siendo amor. La diferencia es solo de profundidad y de grado. El amor espiritual no posee límites ni fronteras, mientras que el amor mundano es superficial y limitado. Despierta a este conocimiento: «Yo soy el Ser Supremo; soy ilimitado y tengo un potencial infinito dentro de mí».

36

Si el Sol brilla sobre mil cuencos distintos llenos de agua, habrá muchos reflejos, pero todos reflejarán el mismo Sol. Del mismo modo, si llegamos a saber quiénes somos de verdad, nos veremos en todas las personas. Cuando logremos entender esto, sabremos valorar a los demás sin tener en cuenta sus defectos. Entonces el Sol del amor puro saldrá en nuestro interior.

37

El amor de una maternidad consciente es un amor y una compasión que se sienten no solo por los propios hijos, sino por todas las personas, animales, plantas, tocas y ríos; un amor que se extiende a la naturaleza entera, a todos los seres. Cualquier persona —mujer u hombre— que tenga el valor de superar las limitaciones mentales, puede adquirir este estado de maternidad universal.

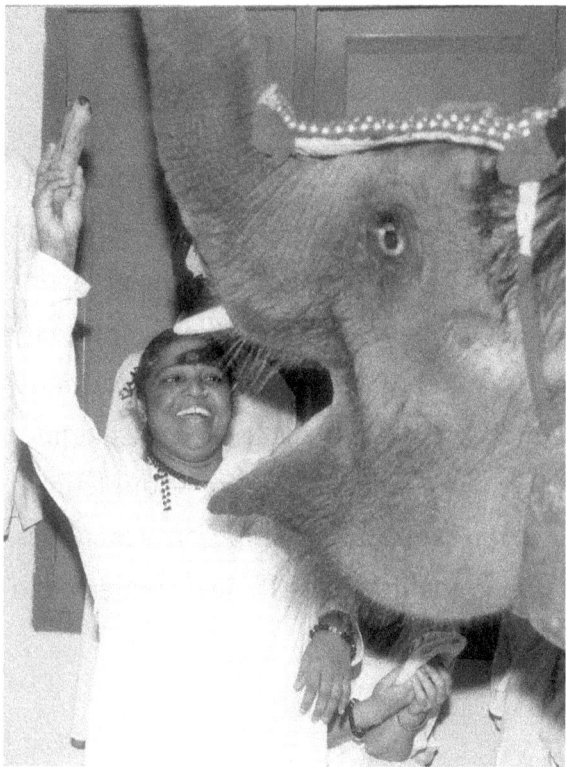

38

En el amor no caben dos. Solo cabe uno. Cuando se recuerda el amor constantemente y con devoción, el «tú» y el «yo» desaparecen y se disuelven. Solo queda el amor. El Universo entero se halla contenido en ese amor puro, indiviso. El amor no tiene fin; nada puede ser excluido de él.

39

Lo difícil no es expresar el amor sino desprenderse del ego. El amor es nuestra verdadera naturaleza. Ya está presente en nuestro interior, pero nos vemos retenidos por nuestras barreras personales. Hemos de superar nuestra individualidad para sumergirnos en el amor universal. El ego se interpone en el camino del amor. Cuando lo hayamos eliminado, fluiremos como el agua de un río.

40

Tu corazón es el verdadero templo. Tienes que entronizar a Dios en él. Los buenos pensamientos son las flores que le ofreces; las buenas acciones son el culto de adoración; las buenas palabras son los himnos. El amor es la ofrenda divina.

41

En el amor puro hay un hambre insaciable. Se puede ver y experimentar esa intensa hambre incluso en el amor mundano, pero en el amor espiritual la intensidad alcanza su cumbre. Para un buscador verdadero, el amor viene a ser como un incendio forestal, pero aún más devorador. Todo nuestro ser arde con la intensidad del fuego del amor. En ese fuego abrasador, quedamos consumidos y después nos fundimos por completo en lo Divino.

42

El amor no es algo que alguien pueda enseñar o que pueda aprenderse en algún lugar, sino que solo podemos sentirlo y después desarrollarlo en presencia de un maestro perfecto. Eso es así porque un satguru —un guru verdadero— crea las condiciones necesarias para que el amor crezca en nuestro interior. Las situaciones creadas por el guru serán tan hermosas e inolvidables que conservaremos con amor en la memoria esos momentos preciosos e inapreciables. Allí permanecerán siempre como dulces recuerdos.

43

Los episodios creados por el guru formarán una cadena de recuerdos estimulantes que levantarán olas y olas de amor en nuestro interior, hasta que al final solo haya amor. Mediante estas situaciones, el guru nos robará el corazón y el alma y nos llenará de amor puro e inocente.

44

Hay «amor» y Amor. Quieres a tu familia: a tu padre, tu madre, tu hermana, tu hermano, tu marido, tu mujer, etc.; pero no quieres a tu vecino. Quieres a tu hijo o a tu hija, pero no quieres a todos los niños. Amas tu religión, pero no amas todas las religiones. Igualmente, amas tu país, pero no amas todos los países. Por lo tanto, eso no es Amor sino solo «amor». La meta de la espiritualidad es la transformación de este «amor» en Amor.

45

El amor acontece simplemente como una elevación repentina en el corazón, como un ansia inevitable e imparable de unidad. Nadie se plantea cómo amar o cuándo y dónde amar. El pensamiento racional impide el amor. El amor se halla más allá de la lógica, así que no pretendáis ser racionales respecto al amor. Sería como pretender darle argumentos a un río para que fluya, a la brisa para que sea fresca y suave, a la Luna para que brille, al cielo para que sea extenso, al mar para que sea amplio y profundo o a la flor para que sea fragante y hermosa. La racionalización mata la belleza y el encanto de esas cosas. Son para disfrutarlas, experimentarlas, amarlas y sentirlas. Si las racionalizas te perderás la belleza y el encanto de los sentimientos que despierta el amor.

46

No se puede subestimar la responsabilidad de una madre. Una madre ejerce una inmensa influencia sobre sus hijos. Cuando vemos individuos felices y pacíficos, niños dotados de cualidades nobles y de buen carácter, hombres que muestran una inmensa fortaleza cuando afrontan fracasos y situaciones adversas, personas con una gran comprensión, amabilidad, amor y compasión por los que sufren e incluso algunas que se entregan por entero a los demás, normalmente encontraremos a una madre magnífica que los ha inspirado para que llegaran a ser lo que son.

47

Las madres son las más capacitadas para sembrar las semillas de amor, la amistad universal y la paciencia en nuestra mente. Existe un vínculo especial entre la madre y el hijo. Las cualidades internas de la madre se transmiten al hijo incluso por medio de su leche materna. La madre comprende el corazón del hijo, derrama su amor sobre el niño, le enseña las lecciones positivas de la vida y corrige sus errores.

48

Que el árbol de nuestra vida esté firmemente arraigado en el suelo del amor; que sus hojas sean las buenas acciones; que sus flores sean las palabras amables y que la paz sea su fruto. Crezcamos y desarrollémonos como una familia unida por el amor.

49

Encontrar el Ser verdadero de uno mismo y amar a todos por igual son lo mismo. Solo cuando aprendas a amar a todos por igual surgirá la auténtica libertad. Hasta entonces estarás atado, serás esclavo del ego y de la mente.

50

Así como el cuerpo necesita alimentos para sobrevivir y crecer, el alma necesita amor. El amor infunde una fuerza y una vitalidad que ni siquiera la leche materna puede proporcionar. Todos vivimos para el amor real y lo anhelamos. Hemos nacido y morimos buscando ese amor. Hijos, amaos los unos a los otros y uníos en ese amor puro.

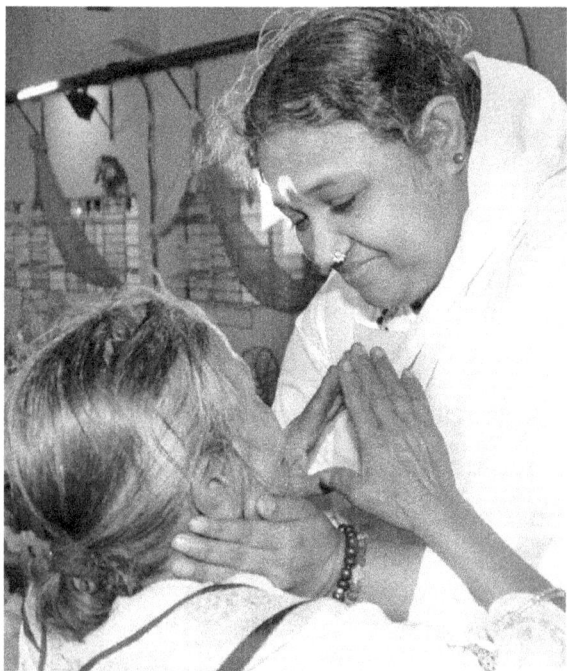

51

Nadie ama a otro más que a sí mismo. Detrás del amor de cada uno hay una búsqueda egoísta de la felicidad propia. Cuando no recibimos la felicidad que esperamos de un amigo, se convierte en nuestro enemigo. Eso es lo que puede verse en el mundo. Solo Dios nos ama desinteresadamente. Solo amando a lo Divino podemos aprender a amar y servir a los demás desinteresadamente.

El amor puro es el mejor medicamento para el mundo moderno. Es lo que falta en todas las sociedades. El origen de todos los problemas, desde lo personal a lo global, es la falta de amor. El amor es el factor de unión, la fuerza unificadora que hay en todo. El amor crea sentimientos de unión y de unidad entre las personas, mientras que el odio y el egocentrismo crean división y rompen en pedazos la mente de las personas. El amor debe reinar. No hay problema que el amor no pueda solucionar.

53

Si queremos adquirir amor tenemos que estar en un lugar favorable para su crecimiento. La mejor forma de adquirir amor es vivir en la presencia de un maestro perfecto. El guru te ayuda creando las circunstancias necesarias para llenarte de amor el corazón. Esas circunstancias no son solo exteriores sino también interiores. El guru trabaja directamente con las vasanas (tendencias latentes) del discípulo, que son los principales obstáculos en el camino del amor.

54

El verdadero crecimiento se produce en la unidad que nace del amor. La leche que mana del pecho materno alimenta al bebé y proporciona fuerza y vitalidad a su cuerpo, lo que permite a todos los órganos crecer de forma saludable y proporcionada. Pero no solo mana leche del pecho materno, sino también el calor, el amor y el cariño de la madre bajo la forma de leche. Del mismo modo, el amor es la «leche materna» que ayuda a la sociedad a crecer como un todo. El amor proporciona la fuerza y la vitalidad necesarias que permiten a la sociedad crecer sin divisiones.

55

Los mahatmas son el puente que nos une con Dios. No rechazan nada. Son como un río; lo abrazan todo y lo aceptan todo a su paso. El placer y el dolor son como las dos orillas de la vida. Los mahatmas aceptan esas dos riberas con espíritu ecuánime y siguen adelante. Al mismo tiempo, están más allá de los pensamientos y las emociones. Están apegados a todos pero nada los ata. Un corazón repleto de amor y de fe establecerá fácilmente un vínculo con ellos.

Los poderes de una fe inquebrantable y de un amor inocente pueden penetrar en dominios donde no entran ni el intelecto ni la lógica.

57

Solo puede sentirse amor expresándolo. La razón por la que practicamos la espiritualidad es aprender a perdonar los errores de los demás y a quererlos en lugar de rechazarlos. Cualquiera puede rechazar a los demás, pero es difícil aceptar a todos. Mediante el amor podemos encaminar a los demás de lo equivocado a lo correcto, mientras que si los rechazamos por sus errores, pueden seguir cometiéndolos.

58

Amamos a los demás porque nos aportan felicidad o satisfacen nuestros deseos; porque nos obedecen, nos respetan o nos tienen en alta estima. De lo contrario, no los amamos. Si alguien nos odia, a menudo la venganza sustituye el amor. Eso nos ocurre hasta con las personas más próximas. Si nos desobedecen o nos faltan al respeto, ya no las queremos. Donde hay amor verdadero no existe el egoísmo. Debemos ser capaces de amar sin esperar nada de nadie.

59

Cuando ya no hay ni aversión ni hostilidad, eso es el amor. Cuando desaparece de la mente toda aversión, la mente se transforma en amor. Se vuelve como el azúcar: todos podemos probar su dulzor y saborearlo sin dar nada a cambio. Cuando somos capaces de amar y servir a la humanidad, nos convertimos en alimento para el mundo.

60

Hijos, el Amor Divino es nuestra verdadera naturaleza. Resplandece en todos y cada uno de nosotros. Cuando nuestro corazón está lleno de amor inocente, nosotros estamos ausentes, el ego desaparece. En ese estado solo está presente el amor. La individualidad desaparece y nos volvemos uno con lo Divino.

61

Cuando un niño nos ofrece algo, no se lo podemos rechazar porque el amor de un niño es inmaculado y puro. Cuando tu vida transcurre en el amor auténtico e inocente, no hay sentimientos duales como la pureza y la impureza, lo bueno y lo malo, etc. Solo existe el amor. Al amor puro no se le puede rechazar.

62

El amor simplemente fluye. Todo el que decide dar el salto y zambullirse en él es aceptado tal como es, sin límites ni condiciones. Si no estás dispuesto a lanzarte, ¿qué puede hacer el amor? La corriente permanece donde está y nunca dice: «No» Continuamente dice: «Sí, sí, sí».

63

Al abrirnos, descubriremos que el sol brillaba desde siempre y el viento estaba siempre soplando, llevando consigo la dulce fragancia del Amor Divino. No hay condiciones ni coacción alguna. Con que solo permitas que se abra la puerta del corazón, descubrirás que nunca estuvo cerrada. Esta puerta ha estado siempre abierta aunque, en tu ignorancia, creyeras que estaba cerrada.

64

El amor verdadero solo surge cuando uno se desprende de todos los apegos a personas, objetos e intereses. Entonces el combate se transforma en un bello juego de servicio desinteresado, que se extiende a todo el género humano gracias al amor y la compasión. En esa contienda, tu ego no va a pelear; lo que luchará será el amor, para acabar con el ego y transformarlo en amor. Las tinieblas del miedo solo se desvanecen en la luz del amor.

65

En esta era de la inteligencia y la razón —la edad de la ciencia— hemos olvidado los sentimientos del corazón. Existe una expresión común en todo el mundo: «Me he enamorado» [«he caído en el amor», en inglés]. Sí, pero hemos caído en un amor enraizado en el egoísmo y el materialismo. No sabemos elevarnos y despertar al amor. Si tenemos que caer, que sea de la cabeza al corazón. Elevarnos en el Amor: en eso consiste la espiritualidad.

66

Cuando amamos algo, fluye una corriente incesante e ininterrumpida de pensamiento hacia ese objeto. Nuestros pensamientos giran solo en torno a él. Por eso, para amar de verdad necesitamos concentración, y para concentrarnos de verdad tenemos que amar aquel objeto, sea el que sea. Lo uno no puede existir sin lo otro. Un científico que realiza experimentos en el laboratorio necesita mucha concentración. ¿De dónde le viene esa concentración? De su profundo e intenso interés por aquel tema. ¿De dónde le viene ese profundo interés? Es el resultado del intenso amor que siente por su disciplina o campo de estudio particular. A la inversa, si uno se concentra profundamente en un tema también acabará amándolo.

67

Hemos de intentar ver la naturaleza de las cosas tal como son. La naturaleza de cualquier cosa, tanto objetos como personas, no puede ser distinta de como es. Cuando hayamos entendido eso sabremos responder en lugar de reaccionar. Mediante la ira no podemos cambiar la naturaleza de los demás. Solo el amor los puede transformar. Comprended esto y orad por su bien con empatía y amor. Tratad de ser compasivos, hasta con los que os molestan. Esa actitud os ayudará a mantener la mente calmada y en paz. Eso es responder de verdad.

68

Lo que es impuro debe volverse puro. Toda impureza debe derretirse y desaparecer en el calor producido por el dolor de la separación y el anhelo del Amor Divino. A ese sufrimiento se le conoce con el nombre de tapas. Las gopis se identificaron del todo con Krishna por medio de ese dolor. Su tormento era tan insoportable e intenso que su individualidad desapareció por completo y se fusionaron con su amado Krishna. La impureza viene causada por los sentimientos de «yo» y «mío», que componen el ego. No podemos erradicar el ego si no lo quemamos en el horno del amor.

El amor verdadero se experimenta cuando no se ponen condiciones. Donde está presente el amor, nada puede imponerse; la imposición solo se utiliza cuando percibimos que los demás son distintos de nosotros. El amor condicional ya no puede existir cuando solo hay unidad. En este estado, se desvanece hasta la propia idea de imposición y sencillamente existimos. La energía vital universal fluye por nosotros en el momento en que nos convertimos en un cauce abierto. Dejemos que la Conciencia Suprema se haga cargo y aparte todo lo

que obstruye su fluir, permitiendo que siga
su curso el río del amor que todo lo abraza.

70

En el amor verdadero no existe el apego. Para lograr el Amor Supremo hay que trascender todos los sentimientos humanos triviales. En otras palabras, el amor solo nace cuando se produce el desapego. El amor implica un gran sacrificio de sí mismo. En algunos momentos puede causar un gran dolor, pero el amor verdadero siempre culmina en la bienaventuranza eterna.

71

En el amor puro no hay cargas. Nada puede considerarse una carga cuando se da un amor sin deseos. El amor verdadero puede llevar el Universo entero sin sentir ningún peso. La compasión puede asumir el sufrimiento del mundo entero sin sentir el menor dolor.

72

Dios es el único que nos ama de verdad sin esperar nada a cambio. Hijos, aunque nos amaran todos los seres del mundo entero, nunca igualarían ni una fracción del amor de Dios que experimentamos a cada segundo. No existe ningún otro amor que pueda compararse con el amor de Dios.

73

En el estadio final del amor, el amante y el amado se convierten en uno. Más allá todavía llega un estado donde no hay amor, amante ni amado. Ese estado final de Amor está más allá de toda expresión. Ahí es donde el maestro te lleva por fin consigo.

74

La bella melodía de una flauta no se encuentra ni en la flauta ni en los dedos del flautista. Puede decirse que brota del corazón del compositor; pero, si pudiéramos abrir su corazón y escudriñarlo, tampoco la encontraríamos allí. Entonces, ¿cuál es la fuente original de la música? La fuente está más allá. Brota del Paramatman —el Ser Supremo—; pero el ego es incapaz de reconocer ese poder. Solo si aprendemos a funcionar desde el corazón podremos ver y sentir el poder de lo Divino en nuestra vida.

75

Una flor no necesita instrucciones para florecer. Ningún maestro de música ha enseñado a cantar al ruiseñor. Actúan espontáneamente, sin ninguna presión añadida; ocurre de forma natural. Del mismo modo, el capullo cerrado de tu corazón se abre en presencia de un gran maestro. Te vuelves tan receptivo e inocente como un niño. El maestro no te enseña nada; lo aprendes todo sin que te enseñe. Su presencia, su misma vida es la mayor enseñanza. Sin ningún control ni coacción; todo ocurre de forma natural y sin esfuerzo. Solo el amor puede provocar este milagro.

Un rishi —un santo— nunca crea división en la vida. Eso lo capacita de verdad para amar, porque ha ahondado en los misterios de su propio Ser, que es la propia esencia de la vida y el amor. En todas partes experimenta la vida y el amor. Para él, solo existen la vida y el amor que resplandecen brillantes y gloriosos. Por eso, él es «el verdadero científico», que experimenta en el laboratorio interior de su propio ser y habita siempre en un estado de amor indiviso.

77

Cuando no hay deseos, no existe la tristeza. Hemos de ser capaces de amar a todos sin esperar nada a cambio. No es fácil amar a todo el mundo, pero al menos podemos procurar no irritarnos ni ofender a nadie. Podemos empezar desde ese nivel. Imaginemos que a cada persona nos la envía Dios y así podremos ser amables y cariñosos con todos.

78

Una persona espiritual debe llegar a ser como el viento. El sentimiento de la unidad de la vida amplía nuestra mente, expande nuestro corazón y difunde amor por toda la creación. El primer requisito, junto con el recuerdo de Dios, consiste en amar todo y a todos, tanto lo consciente como lo inconsciente. Si poseemos esa grandeza de corazón, la liberación no andará muy lejos.

79

El amor puro trasciende el cuerpo. Se da entre los corazones; no tiene nada que ver con los cuerpos. Cuando hay amor verdadero, no existen ni barreras ni limitaciones. Aunque el Sol esté tan lejos, las flores de loto se abren refulgentes. En el amor verdadero la distancia no existe.

80

El amor es el único idioma que todos los seres vivos pueden entender. Es universal. La paz y el amor son lo mismo para todos. Como la miel, el amor siempre está dulce. Sed como la abeja que recoge el néctar del amor allí por donde va. Buscad la bondad en todos y en todo.

Hay tres expresiones del amor que nos despiertan desde el interior: el amor a sí mismo, el amor a Dios y el amor a toda la creación. El amor a sí mismo no quiere decir el amor egocéntrico del ego. Significa amar la vida, ver tanto los éxitos como los fracasos que se producen en nuestra vida humana como una bendición de Dios mientras amamos el Poder Divino inmanente en nuestro interior. Esto acaba convirtiéndose en amor a Dios. Si se dan estos dos componentes, el tercero, el amor a toda la creación, se manifestará de forma natural.

82

Solo el corazón puede guiar a una persona, pero lo hemos olvidado. De hecho, el amor no tiene forma. Solo cuando fluye continuamente por una persona adopta una forma que podemos experimentar; de otro modo, no podemos. Cuando estás con alguien que tiene el corazón lleno de amor y compasión, tu propio corazón se abre espontáneamente como una flor que florece. El capullo cerrado de tu corazón se abre en presencia del amor.

83

El amor no puede obligar. El amor es la presencia de la conciencia pura. Esa presencia no puede obligar. Simplemente, existe. La energía del amor puro está en tu interior; solo necesita despertarse.

84

El espíritu del amor mundano no es constante. Su ritmo fluctúa, viene y va. Sus inicios son siempre hermosos y entusiastas, pero poco a poco pierde su encanto e interés y acaba siendo superficial. En la mayoría de los casos, el amor mundano termina en malestar, odio y profunda tristeza. Por el contrario, el amor espiritual es tan profundo como un pozo sin fondo; su profundidad y su amplitud son inconmensurables.

El amor espiritual es distinto del amor mundano. El comienzo es bello y pacífico. Poco después de ese pacífico inicio llega la agonía del anhelo. Durante una etapa intermedia, la agonía se vuelve cada vez más fuerte, cada vez más insoportable. Seguirá un dolor atroz, y ese sufrimiento del anhelo no terminará hasta justo antes de lograrse la unión con el amado. Esa unión es todavía más inexpresablemente bella que los inicios del amor. Esa clase de amor nunca se marchita ni disminuye. El amor espiritual permanece siempre vivo, interior y exteriormente; es constante, y en todo momento vives en el amor.

El amor te va a tragar. Te devorará completamente, de modo que el «tú» desaparecerá y solo quedará el amor. Todo tu ser se transformará en amor. El amor espiritual culmina en la unión, en la unidad.

87

Dios mora en lo más profundo de nuestro corazón en forma de inocencia y amor puro. Hemos de aprender a amar a todos por igual y a expresar ese amor, porque en esencia todos somos uno, un Atman, un alma. El amor es el rostro de Dios.

88

La esencia de la maternidad no está reservada a las mujeres que han dado a luz. Es un principio inherente tanto en las mujeres como en los hombres. Es una actitud de la mente. Es el amor, y ese amor es el verdadero aliento de la vida. Cuando se ha despertado nuestro sentido de la maternidad universal, el amor y la compasión por todo el mundo forman parte de nuestro ser tanto como la respiración.

89

El Amor lo sostiene todo. Si penetramos profundamente en todos los aspectos y ámbitos de la vida, encontraremos que, oculto en el fondo de todo, se halla el amor. Descubriremos que el amor es el poder, la energía y la inspiración presentes en cada palabra y acción.

90

Cuando aprendas a amar a todos por igual, surgirá la libertad auténtica. Sin amor no puede haber libertad, y sin libertad no puede haber amor. La libertad eterna solo puede darse cuando hemos desarraigado toda nuestra negatividad. En ese estado de amor que todo lo abarca, la flor fragante de la libertad y de la felicidad suprema despliega sus pétalos y florece.

A medida que el amor se vuelve más sutil, crece su poder. A medida que va penetrando en las profundidades del corazón, notarás que estás progresando en el amor. Y, al final, alcanzarás el estado de identificación total con el Amado en que comprobarás que ya no existe separación. Entonces te conviertes en uno con él. Es el último paso, la cima del amor verdadero. Es donde nos debe llevar el amor.

Todos somos encarnaciones del Amor Supremo. El amor se puede comparar con una escalera. La mayoría de las personas se detienen en el primer peldaño. No te quedes ahí y sigue escalando paso a paso. Ve subiendo desde el peldaño más bajo hasta el más alto, desde el nivel de las emociones al estado más alto de existencia, la forma más pura de amor.

El amor verdadero es la forma más pura de energía. En ese estado, el amor no es una emoción sino un flujo continuo de conciencia auténtica y poder ilimitado. Ese amor puede compararse con nuestra respiración. Nunca dirías: «Solo voy a respirar cuando esté con mi familia y mis parientes, pero nunca delante de mis enemigos o de personas que aborrezca». No. Dondequiera que estés y hagas lo que hagas, tu respiración se produce espontáneamente. Del mismo modo, el amor verdadero se ofrece a todos sin distinción, sin esperar nada a cambio. Sé un dador, no un tomador.

94

La atención y la paciencia que demostramos en las pequeñas cosas es lo que nos lleva a conseguir logros importantes. Si tenemos paciencia, también tenemos amor. La paciencia lleva al amor. Si abrimos a la fuerza los pétalos de una flor que está brotando, no gozaremos de su esplendor y su perfume. Solo despliega todo su encanto y fragancia si florece naturalmente. Del mismo modo, hay que tener paciencia para disfrutar de la belleza de la vida.

95

Un pendiente, un brazalete, un «piercing» en la nariz, un collar... en esencia todos ellos son oro. Solo los distingue su apariencia. Del mismo modo, existe una Divinidad omnipresente que se nos manifiesta como este mundo tan diverso de los nombres y las formas. Cuando entendemos realmente esa verdad, se refleja en todos nuestros pensamientos, palabras y acciones como amor, compasión y altruismo.

96

El verdadero servicio consiste en ayudar sin esperar nada a cambio. Esa es la fuerza que sostiene el mundo. Amar y servir con entrega puede compararse a un círculo, que no tiene ni principio ni fin. El amor tampoco tiene ni principio ni fin. Mediante el servicio desinteresado podemos construir un puente de amor que nos reúna a todos.

No hay ningún trabajo que sea insignificante o que carezca de sentido. La cantidad de amor y de conciencia que ponemos en él le da sentido y hace que sea admirable. La gracia fluye en el trabajo hecho con humildad. La humildad le infunde dulzura.

98

Igual que el amor, la entrega tampoco se puede estudiar o aprender en los libros, con una determinada persona o en una universidad. La entrega aparece a medida que aumenta el amor. De hecho, ambos crecen juntos. En último término, tenemos que entregarnos a nuestro propio Ser verdadero; pero la entrega requiere un gran coraje. Hace falta una actitud osada para sacrificar nuestro ego. Eso exige acogerlo y aceptarlo todo sin ningún sentimiento de tristeza o desilusión.

99

La inteligencia y el corazón deben volverse uno; entonces la Gracia Divina fluirá en nosotros y llenará nuestra vida de contento.

100

Para progresar espiritualmente en el camino hace falta amor a Dios. El amor a Dios no es solo amor a una persona, una imagen o una estatua. Eso solo es el comienzo. El verdadero amor a Dios es amar todos y cada uno de los aspectos de la creación, viendo a la Divinidad en cada persona y en cada cosa.

101

Si observamos el trabajo de un herrero, vemos cómo calienta y ablanda una barra de hierro y luego la golpea con el martillo para darle la forma apetecida. Igual que la pieza de hierro ha de ablandarse, permite que el guru ablande tu corazón con el amor, y que luego le dé forma con el martillo del conocimiento.

102

Solo pueden dar amor quienes han recibido amor. El corazón de quienes nunca hayan recibido amor permanecerá siempre cerrado. No serán capaces ni de recibir amor ni de darlo. Es muy importante que los padres den amor a los jóvenes.

103

La persona que ama a todos por igual es la que quiere a Amma de verdad.

104

Cuando entendamos cuán banales son nuestros apegos mundanos y lo sublime que es el amor de Dios, podremos desprendernos de todos nuestros apegos. Es lo mismo que ocurre con las flores de un árbol, que se marchitan para que el árbol dé fruto. Cuando empieza a crecer el fruto, todas las flores desaparecen.

105

El amor que experimentamos es proporcional al amor que damos.

106

Hijos, todo el amor que nos ofrece el mundo desemboca finalmente en la tristeza. En este mundo no hay amor desinteresado. Pensamos que seremos felices si los demás nos aman, pero la felicidad no se halla en ningún objeto. Proviene de nuestro interior. La verdadera felicidad y la paz eterna solo vienen del Amor Divino, y ese Amor Divino solo nos llega cuando vemos la totalidad de la creación.

Solo podemos romper el ego mediante el dolor del amor. Igual que la semilla solo puede germinar cuando se rompe su cubierta exterior, el Ser solo se manifiesta cuando el ego se rompe y desaparece. Cuando se crea un ambiente propicio, el árbol que está en potencia en la semilla empieza a sentir la incomodidad de estar preso dentro de la cáscara. Anhela salir a la luz y ser libre. El intenso impulso del árbol latente en su interior es lo que rompe y abre la cáscara. El dolor acompaña esta fractura, pero ese dolor no puede compararse con la gloria del árbol que se manifiesta. Cuando brota el arbolito, la cáscara pierde su importancia. Del mismo modo, cuando se logra la experiencia del Ser, el ego pierde toda su importancia.

108

El amor inmaculado, desinteresado y puro es el puente hacia Dios.

www.ingramcontent.com/pod-product-compliance
Lightning Source LLC
Chambersburg PA
CBHW070608050426
42450CB00011B/3015